이과티콘
수학

재미와 개념을 한방에!
이과티콘 수학

몽구 글 · 메밀 그림

성어람미디어

책을 시작하며

책을 시작하기에 앞서 한 가지 고백할 것이 있다면 저는 흔히
말하는 '수포자(수학을 포기한 자)'였습니다. 외워야 하는 공식이
너무나 많고, 어려운 문제가 끝도 없이 나오는 수학은 참으로
힘겨운 과목이었습니다.

하지만 후에 수학에 대해 깊게 공부하기 시작하면서 수학은
'왜?'가 중요한 과목이라는 것을 깨달았습니다. '왜 이런
기호가 만들어졌을까?', '왜 이런 공식이 생겼을까?'와 같은
물음을 따라가다 보니 수학의 재미를 느끼게 되었습니다.
그리고 그러한 생각은 '수학을 처음 배울 때부터 이렇게
공부했으면 얼마나 좋았을까?'라는 아쉬움으로 이어졌습니다.

그래서 『이과티콘 수학』은 '왜?'에 초점을 맞췄습니다.
왜 로마자로 Ⅳ가 4고, Ⅵ이 6일까요? 왜 같다는 뜻의 '='는
이러한 기호를 사용하게 되었을까요?

수학을 문제 풀이 위주로 공부했다면 지나칠 수 있는 '왜?'에
대한 답을 쉽고 재미있게 설명하는 것이 궁극적인 목표였습니다.
비록 이 책이 복잡한 원리와 공식을 다루는 책은 아니지만,
수학이라는 긴 여정을 지치지 않고 이어갈 수 있는 몸풀기가
되었으면 좋겠다는 바람입니다.

이 책은 자연수, 점과 같은 기초적인 개념과 미지수, 팩토리얼과
같은 어려운 개념까지 다루고 있습니다.
그래서 '무슨 얘기인지는 대충 알겠는데, 제대로 이해를 못
하겠네'라는 생각이 들 수도 있어요. 하지만 그래도 괜찮아요!
『이과티콘 과학』과 마찬가지로 이 책은 공부를 위한 책이기도
하고, 아니기도 하니까요~. 어려운 내용이라면 그림 위주로
봐도 괜찮아요. 가장 중요한 건 재미있게 읽기니까요~! 이 책을
읽은 여러분이 수학에 대한 재미를 느꼈으면 좋겠습니다.

안녕!
만나서
반가워요~!

차례

- 책을 시작하며 · 004

01 내가 빠지면 안 되지! **"수"** · 010

02 로마 사람들이 만든 숫자 **"로마 숫자"** · · · · · · · · · · · · 012

03 아라비아 숫자가 아니라 인도-아라비아 숫자예요 **"인도-아라비아 숫자"** · · · · 014

04 알고 보면 가장 중요한 숫자 **"숫자 0"** · · · · · · · · · · · · 016

숫자 점잇기 놀이 · 018

05 그야말로 자연스럽게 만들어진 수! **"자연수"** · · · · · · · 020

06 숫자 0이 자연수가 아니라고? **"정수(숫자 0)"** · · · · · · 022

07 부족한 수는 어떻게 나타낼까? **"음의 정수"** · · · · · · · 024

08 나눌 때는 내가 나서야지! **"분수"** · · · · · · · · · · · · · · 026

09 점을 달고 있는 수 **"소수"** · · · · · · · · · · · · · · · · · · 028

10 소수점 아래 숫자가 끝이 없네~ 끝이 없어~ **"무리수"** · · · 030

11 실제로 존재하는 수 **"실수"** · · · · · · · · · · · · · · · · · 032

12 이 숫자는 2로 나누어떨어질까? **"홀짝"** · · · · · · · · · · 034

13 세상에서 제일 큰 수! **"무한"** · · · · · · · · · · · · · · · · · 036

수의 분류 · 038

14 거리를 알려줘요 **"절댓값"** · · · · · · · · · · · · · · · · · · 040

15 10마다 자릿수가 올라가는 10진법! **"진법"** · · · · · · · · 042

10진법 시계 · 044

16 사장님~ 여기 숫자에 기호 추가해주세요~ **"식"** · · · · · 046

17 덧셈, 뺄셈, 곱셈, 나눗셈! 우리는 수학의 히어로라고~ **"사칙연산"** · · · 048

18	왼쪽과 오른쪽은 같은 수! **"등호"**	050
19	먹이는 많이 먹을수록 좋지~ **"부등호"**	052
20	몇 번을 곱했을까? **"지수"**	054
21	화내는 거 아니에요~ 놀란 것도 아니에요~ **"팩토리얼"**	056
22	공통점이 있으면 여기여기 모여라~ **"집합"**	058
23	리모컨, 자판기, 전화번호의 공통점은? **"함수"**	060
24	나는 네가 궁금해 **"미지수, 근"**	062

이그노벨상 · 064

25	위치를 알려줘요 **"점"**	068
26	점이 모이면 내가 된다고! **"선"**	070
27	점이 모이면 선, 선이 모이면? **"면"**	072
28	직선끼리 만나면 내가 생겨~ **"각"**	074
29	각이 몇 개게~? **"다각형"**	076
30	얼마나 벌어져 있는지를 나타내 보자 **"각도"**	078
31	이 산은 얼마나 가파를까? **"경사"**	080
32	설마 나를 모르는 친구는 없겠지? **"원"**	082
33	자와 컴퍼스만 있다면 도형을 그릴 수 있어 **"작도"**	086

피타고라스 학파 · 088

34	내 안에 너 있다 **"내심/외심"**	090
35	한 바퀴 휘리릭~ 짠! 완성!! **"회전체"**	092
36	주사위 종류가 이렇게 많았어? **"다면체"**	096

숨은 그림 찾기 ……………………………………………… 098
37 한쪽 끝에서 다른 끝까지! **"길이"** ……………………… 100
38 줄자로 한 바퀴 빙~ **"둘레"** …………………………… 102
39 이 땅은 얼마나 넓을까? **"넓이"** ………………………… 104
40 물체가 차지하는 크기 **"부피"** …………………………… 106

아르키메데스, 유레카! ……………………………………… 108
41 체스에 쓰여 있는 숫자와 알파벳은 무엇일까? **"좌표"** …… 110
42 자료를 한눈에 파악할 수 있네~ **"그래프"** ……………… 112
43 우리는 만날 수 없는 운명 **"평행"** ……………………… 114
44 90도로 만나요 **"수직"** ………………………………… 116

쉬어가는 코너 ……………………………………………… 118
45 시각? 시간? 뭐가 다르지? **"시간"** ……………………… 120
46 과자에 쓰여 있는 숫자는 무슨 뜻일까? **"열량"** ………… 122
47 달에 가면 무게는 바뀌지만, 질량은 그대로! **"질량/무게"** … 124
48 은행에서 주는 보너스~! **"이자"** ………………………… 126
49 로또 당첨은 어려울까? **"확률"** ………………………… 128
50 치타는 한 시간에 얼마나 갈 수 있을까? **"속력"** ………… 130

이과티콘 총집합! …………………………………………… 132
• 책을 마치며 ……………………………………………… 136

몽구와 메밀이 만나
유익하고 깜찍한
이과티콘이 나왔어요!

이과티콘이 들려주는
유쾌한 수학 이야기
시작해볼까요?!

몽구

언뜻 보면 곰처럼 보이지만
사실은 몽구스라는 동물이랍니다!
말장난과 수학을 좋아해 이과티콘을
기획하게 되었어요. 이과티콘의
아이디어를 담당하고 있어요.

메밀

메밀은 레서판다를 모티브로
만든 귀여운 캐릭터예요.
만화, 이모티콘, 일러스트 등
다양한 그림을 그리고 있답니다.
이과티콘에 개그 요소를 더하고,
그림이 귀엽게 움직이도록
그려내고 있어요.

01 내가 빠지면 안 되지! "수"

이럴 수가…

수학은 너무너무 재미있다고?
당연히 그럴 수도!

수는 아주 오래전에 발명되었어. 얼마나 오래되었냐고? 놀라지 마. 무려 2만 년 전에도 수를 썼으니까!

2만 년 전의 사람들은 작은 뼈에 선을 그어서 오늘 토끼를 몇 마리 사냥했는지, 열매를 얼마나 모았는지를 기록했어.

하지만 지금까지 이 방법을 썼다면 너무나 힘들었을 거야. 17을 쓰기 위해서는 'IIIIIIIIIIIIIIIII', 28을 쓰기 위해서는 'IIIIIIIIIIIIIIIIIIIIIIIIIIII'라고 써야 하니까!

02 로마 사람들이 만든 숫자 "로마 숫자"

나로 마라자면

나를 한마디로 표현해보자면?
나로 말할 거 같으면 우리 반
대표 개구쟁이라고~.

'17을 어떻게 하면 쉽게 쓸 수 있을까?' 로마 사람들은 고민했어.

'|||||(5)를 Ⅴ라고 쓰고 ||||||||||(10)을 Ⅹ라고 쓰자!' 그렇게 **로마 숫자**가 만들어졌어.

1	2	3	4	5	6	7	8	9	10
Ⅰ	Ⅱ	Ⅲ	Ⅳ	Ⅴ	Ⅵ	Ⅶ	Ⅷ	Ⅸ	Ⅹ

위는 1부터 10까지를 로마 숫자로 나타낸 표야. 잠깐! 4와 6이 비슷하게 생겼네?

Ⅴ는 5라고 했지? 4는 5보다 하나 작은 수니까 Ⅰ이 Ⅴ앞에 있어. 그래서 4는 Ⅳ야. 6은 5보다 하나 큰 수니까 Ⅴ뒤에 Ⅰ이 있어. 그래서 6은 Ⅵ! 아하~ 이제 헷갈리지 않겠다!

이렇게 로마 사람들은 로마 숫자를 사용해서 큰 수도 쉽게 적을 수 있었어. 로마 사람들은 정말 대단해~!

03 "인도-아라비아 숫자"
아라비아 숫자가 아니라 인도-아라비아 숫자예요

인도-아라비아 숫자 덕분에 편하게 숫자를 쓸 수 있게 되었어! 아싸라비아~ 아라비아~

1, 2, 3, 4, 5, 6, 7, 8, 9! 현재 우리가 쓰고 있는 숫자는 인도-아라비아 숫자야. **인도에서 만들고 아라비아 상인들을 통해 퍼졌기 때문에 인도-아라비아 숫자라고 불러.**

그런데 왜 로마 숫자가 아니라 인도-아라비아 숫자를 쓰게 되었을까? 바로 인도-아라비아 숫자가 더 간단하기 때문이야.

33이라는 숫자를 로마 숫자로 적으면 ⅢXⅢ이야. 아래 그림을 보고 따라 그려봐. 어때? 시간이 오래 걸리지? 하지만 인도-아라비아 숫자를 사용하면 33이라고 간단하게 적을 수 있어.

04 알고 보면 가장 중요한 숫자 "숫자 0"

영~ 아닌걸?

숫자 0은 중요해 보이지 않는다고? 그건 정말 영~ 아닌걸?

인도-아라비아 숫자에서 가장 중요한 수는 뭘까?
정답은 0이야. 에이~ 아무것도 없는 0이 왜 중요하냐고?
지금부터 알려줄게!

103이라는 숫자에서 0은 십의 자리 숫자가 비어 있다는 뜻이야. 0이라는 숫자가 만들어지기 전에는 숫자 사이를 띄어서 표시했어. 그래서 103이 아니라 1 3이라고 썼어.

그렇다면 7 3은 어떤 수일까? 703일 수도 있고 7003일 수도 있고……. 으아! 모르겠다~. 그래서 인도 사람들은 0을 발명했어. 0 덕분에 비어 있는 자릿수를 쉽게 알 수 있다고~.

숫자 점잇기 놀이

1부터 숫자 순서대로
점을 이으면 그림이 될 거야!
어떤 그림이 나올까? 두근두근~!

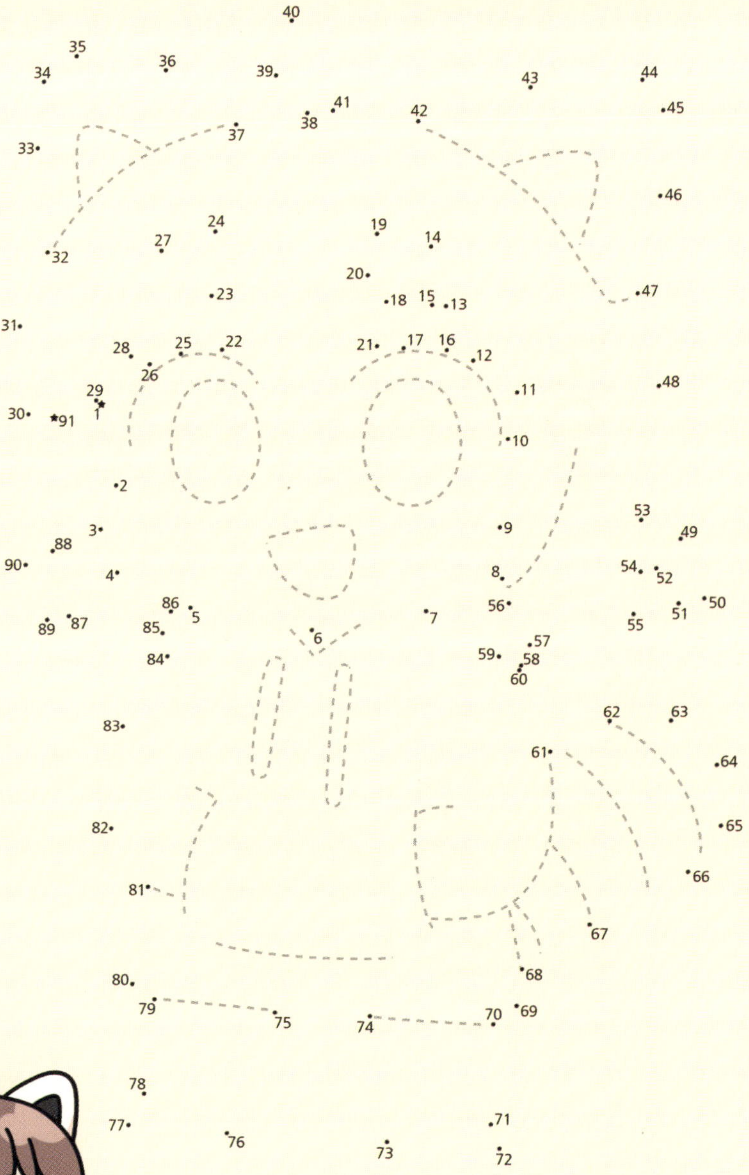

이건 좀 더 어려울걸?
점선으로 그려진 부분은
연필로 그려서 그림을 완성해줘!

05 그야말로 자연스럽게 만들어진 수! "자연수"

휴 자연수러웠다

이과티콘 알아?
수학과 과학 용어들로 만든
말장난이 아주 자연스러워.

자연수는 자연에서 볼 수 있는 것들을 세기 위해 만들어졌어. 꽃 한 송이, 토끼 네 마리, 물고기 열 마리처럼. 자연수는 지금도 가장 많이 사용하는 수야. 나이 12살, 몸무게 45킬로그램, 책 5권처럼!

1, 2, 3, 4… 자연수는 셀 수 있는 수야. 그래서 43214321처럼 큰 수도 자연수야. 물론 세는 데 조금 오래 걸리겠지만.

그럼 모든 수가 자연수일까? 아니~ 셀 수 없는 수도 있어! 궁금하지? 그럼 다음엔 자연수가 아닌 수에 대해 알아보자.

06 숫자 0이 자연수가 아니라고? "정수(숫자 0)"

뭐어? 아직 이과티콘이 없다고?
흥! 나 삐정수!

놀라운 사실이 있어. 바로 0은 자연수가 아니라는 거야. 왜 자연수가 아닐까? 정말 궁금해!

메밀이가 쿠키를 책상 위에 뒀는데, 글쎄 몽구가 모두 먹어버렸지 뭐야? 이때 메밀이는 뭐라고 말할까?

메밀이는 "뭐야?! 내 쿠키가 0개 있어!!"라고 말하지는 않을 거야. 대신에 "뭐야?! 내 쿠키가 없어!!"라고 하겠지.

숫자 0은 셀 수 없는 수야. 그래서 우리는 '0개 있다'라고 하지 않고 '없다'라고 해. 셀 수 있는 숫자만 자연수라고 부르니까. 셀 수 없는 0은 자연수보다 더 넓은 범위인 **정수**에 속해. 정수가 뭐냐고? 다음 장에서 알려줄게~.

07 부족한 수는 어떻게 나타낼까? "음의 정수"

가장 좋아하는 음식이 뭐냐고?
음……, 너무 많아서
고민해봐야겠는걸?

양의 정수, 0, 음의 정수를 통틀어서 **정수**라고 해.
양의 정수와 음의 정수라는 말이 낯설지? 괜찮아.
우리는 이미 양의 정수에 대해 알고 있거든. 바로 자연수야!
그렇다면 음의 정수는 뭘까?

5-2의 답을 알고 있어? 맞아. 3이야. 그러면 2-5는?

바로 -3이야. 숫자 앞의 -는 마이너스라고 읽어. -는 0보다
작다는 뜻이야. 즉, -3은 0보다 3만큼 작은 수라는 의미야.

이렇게 0보다 작은 수를 **음수**라고 불러.
이 중에서 **음의 정수**는 자연수에 -가 붙은 수야.

-3과 $-\frac{1}{4}$은 모두 음수이지만 -3만 음의 정수라고~.

08 나눌 때는 내가 나서야지! "분수"

분수를 알라!

사극을 보다가 "분수를 알라!"라는 말이 나왔어. '왜 물줄기를 뿜는 분수를 알라고 하는 걸까?'라고 생각했는데, 알고 보니 이때의 분수는 '신분에 맞는 한계'라는 뜻이더라고~.

짠! 아래의 그림에서 왼쪽의 사과는 총 몇 개일까?
맞아! 2개야. 그럼 오른쪽의 사과는 총 몇 개일까?
음~ 사과 조금 개~?

**이처럼 물건을 나눌 때는 특별한 수가 필요했어.
그래서 등장한 수가 바로 분수야.**

다시 오른쪽의 사과를 볼까? 이 사과는 $\frac{1}{4}$개야.
$\frac{1}{4}$에서 아래의 4는 사과를 4조각으로 나눴다는 뜻이고,
위의 1은 나눈 조각 중 하나라는 뜻이야.
아래의 수를 **분모**, 위의 수를 **분자**라고 해.

이렇게 분수를 이용하면 조각을 쉽게 표현할 수 있어.
특히 케이크나 피자 조각을 나타내기에 안성맞춤이라고!

09 점을 달고 있는 수 "소수"

어쩔 수 없소수

7.7

 너무 추운 겨울에는 일어나기가 싫단 말이야. 늦잠을 잔 건 어쩔 수 없소수~.

혹시 몸에 점이 있는 친구 있어? 없다고? 에이~ 잘 찾아보면 분명 있을 거야. 누구나 점을 가지고 있거든. 눈에 보이지 않는다면 등이나 발바닥에 있을 수도 있어!

그런데 사람만 점이 있는 게 아니야. 훨훨 나는 나비도, 귀여운 강아지도 점을 가지고 있어. 그리고 숫자도 점을 가지고 있지!

점이 있는 숫자를 **소수**라고 불러. 음료수병에서 1.25L, 1.5L라는 숫자를 본 적 있을 거야. 그 숫자가 바로 소수야~.

점 뒤의 수는 0보다 크고 1보다 작은 수야. 그래서 1.5L의 콜라는 1L보다는 많고 2L보다는 적어~.

10. 소수점 아래 숫자가 끝이 없네~ 끝이 없어~ "무리수"

무리수 던지기

무리수는 이치에 맞지 않거나 정도에 지나치게 벗어나는 것을 뜻해. 용돈을 갑자기 10배나 올려 달라는 건 정말 무리수야!

3월 14일은 무슨 날이게? 화이트데이도 맞지만 다른 날이기도 해. 바로 파이데이! 맛있는 파이를 먹는 날이냐고?
아니야. 여기서 파이는 **π**야. **원주율**이라고도 하지.

π는 재미있는 수야. π를 계산하면 3.14159265358979323846264338327950288……이야. π의 끝은 아무도 몰라. 소수점 뒤로 50조 자리까지 계산했는데 말이야!

π처럼 소수점 뒷자리가 **규칙 없이 계속 나아가는 소수**를 **무리수**라고 불러. 여기서 무리는 '무리하다' 할 때의 무리야. 무리수를 구하는 건 정말로 무리라고!

11 실제로 존재하는 수 "실수"

이과티콘을 검색해보려 했는데, 이과티콘이 아니라 수학티콘으로 검색했지 뭐야~. 앗! 실수했네.

지금까지 자연수, 정수, 분수, 소수, 무리수에 대해 알아보았어. 와~ 정말 많지? 이 모든 수를 통틀어서 **실수**라고 불러. 실수는 실제로 존재하는 수라는 뜻이야.

이렇게 다양한 수가 만들어진 이유는 뭘까? 자연수만으로도 충분할 거 같은데…….

천만의 말씀! 만약 이 세상에 자연수만 있었다면 스마트폰이나 자동차는 없을 거라고! 복잡한 기계들을 만들기 위해서는 다양한 수로 계산을 해야 하거든.
그러니까 우리는 스마트폰만큼 수학을 좋아해야 해!

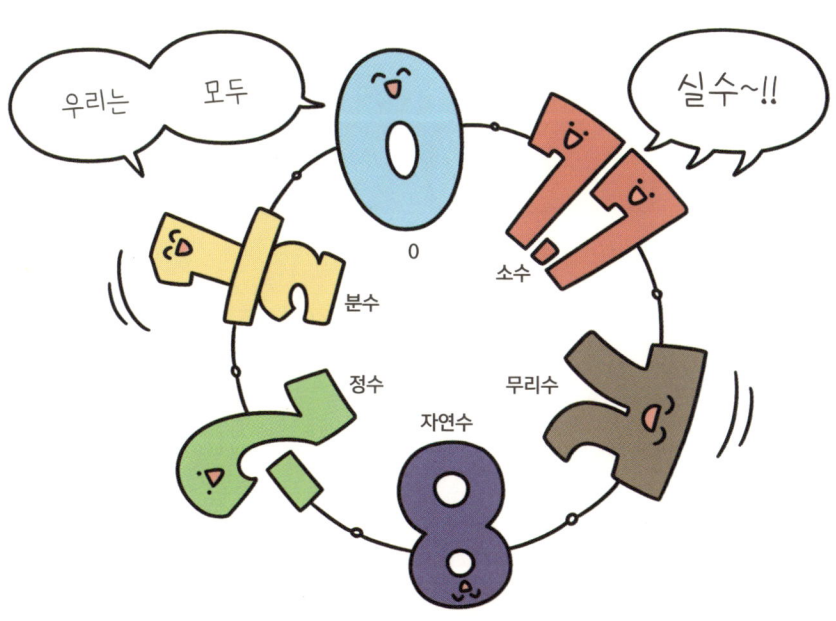

12 이 숫자는 2로 나누어떨어질까? "홀짝"

홀짝… 홀짝…

친구랑 홀짝 놀이를 했는데,
왜 계속 지는 걸까?
정말 슬퍼, 훌쩍훌쩍!

혹시 홀짝 놀이라고 알아? 친구와 할 수 있는 놀이인데, 방법은 쉬워. 바둑돌 몇 개를 안 보이게 손에 넣고 친구에게 물어보면 돼. 홀? 짝?

짝수는 짝을 지을 수 있는 수야.
한마디로 2로 나누어떨어지는 수!
반대로 **홀수**는 2로 나누어떨어지지 않는 수야.

7은 2로 나누어지지 않는 홀수! 10은 2로 나눌 수 있는 짝수! 그럼 23483295는 짝수일까 홀수일까? 너무 오래 걸린다고? 괜찮아! 일의 자리 숫자만 보면 되거든. 23483295에서 가장 오른쪽에 있는 일의 자리 숫자인 5가 홀수니까 23483295는 홀수야. 신기하지?

13 세상에서 제일 큰 수! "무한"

무한무안::

'무안하다'는 수줍거나 창피해서 볼 낯이 없다는 뜻이야. 교실에서 졸다가 잠꼬대를 크게 해버렸는데, 무안해서 고개를 들 수가 없더라고.

세상에서 가장 큰 수는 뭘까?
만? 억? 조?

억은 100,000,000이야. 0이 무려 8개나 있어. 와~ 그럼 억이 제일 큰 수겠네? 아니야. 조는 0이 12개, 경은 0이 16개, 해는 0이 20개, 그리고 무량대수는 0이 68개나 있어! 그럼 무량대수가 가장 큰 수겠구나~. 땡! 세상에서 가장 큰 수는 바로 무한대야.

무한대는 계속 커지는 수야. 끝도 없이 계속! 무한대는 ∞라고 써. 8을 눕히면 세상에서 가장 큰 무한대가 된다고!

정수	
크기	이름
1	일
10	십
10^2	백
10^3	천
10^4	만
10^8	억
10^{12}	조
10^{16}	경
10^{20}	해
10^{24}	자
10^{28}	양
10^{32}	구
10^{36}	간
10^{40}	정
10^{44}	재
10^{48}	극
10^{52}	항하사
10^{56}	아승기
10^{60}	나유타
10^{64}	불가사의
10^{68}	무량대수

14 거리를 알려줘요 "절댓값"

밤에 이를 닦지 않고 자면 절대 안 돼. 이가 썩으면 치과에 가야 한다고!!

아래 그림을 보면 0에 치킨집이 있고, 4에 몽구가, -4에 메밀이가 서 있어. 그렇다면 몽구와 메밀이 중에 누가 먼저 치킨집에 도착할까?

두구두구두구~ 둘은 동시에 도착했어! 몽구는 4에 메밀이는 -4에 있었지만, 둘 다 치킨집과 4만큼 떨어져 있었거든. 그래서 둘은 사이좋게 치킨을 나눠 먹었다고 해~.

0에서부터의 거리를 절댓값이라고 불러. 절댓값을 표시할 때는 숫자의 양 끝에 │ │을 붙여주면 돼.
4와 -4는 둘 다 0에서 4만큼 떨어져 있으니까
│4│과 │-4│은 모두 4야. 아하! 음수에 절댓값이 붙으면 양수로 바뀌는구나~.

15. 10마다 자릿수가 올라가는 10진법! "진법"

십진 않아….

수학 시험에서 100점 받기는 쉽지 않아. 하지만 괜찮아! 열심히 했으니까~.

우리는 주로 10진법을 쓰고 있어. **10진법은 10이 될 때마다 자릿수가 하나씩 올라가. 한마디로 10개가 한 묶음이 되는 거야.** 100원이 10개 모이면 1,000원이 되고, 1,000원이 10장 모이면 10,000원이 되는 것처럼. 하지만 10진법을 쓰지 않는 특별한 경우도 있어.

❶ 시간

1시 59분 다음은 2시지? 60분이 한 시간이니까.
시간은 **60진법**을 쓰고 있어.

❷ 월

1월, 2월, 3월 … 10월, 11월, 그리고 12월 다음은 다시 1월이지? 13월이 아니라~ 이렇게 월은 **12진법**을 쓰고 있어.

❸ 컴퓨터

컴퓨터는 0과 1 두 숫자로만 이루어진 **2진법**을 사용해.
두 숫자만으로 복잡한 일을 하다니 정말 놀라워~!

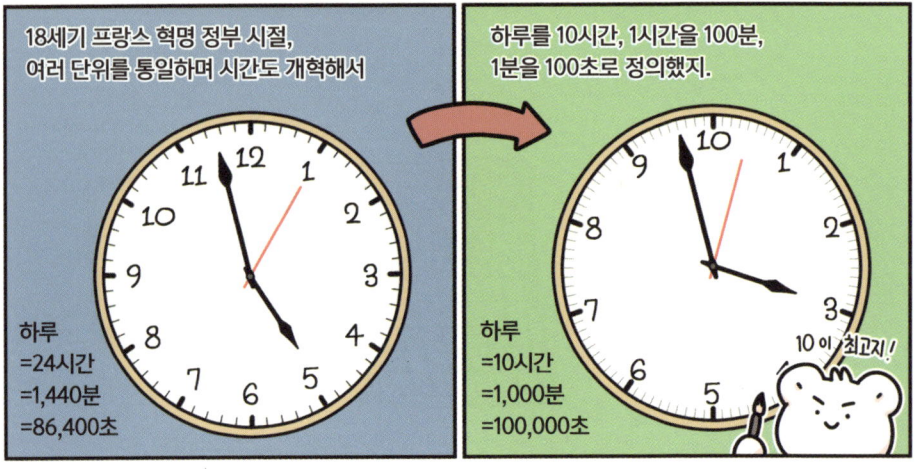

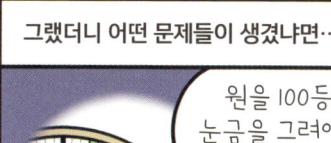

16 사장님~ 여기 숫자에 "식" 기호 추가해주세요~

피자를 들고 가던 중에 그만 넘어졌지 뭐야!
그래서 피자가 한쪽으로 쏠려버렸어, 식식~
화를 내며 한 입 먹었는데, 응? 맛있네?
모양이 어떻든 배속에 들어가면 다 똑같아~,

어떤 피자가 제일 좋아? 달달한 불고기가 들어 있는 불고기 피자? 상큼한 파인애플과 햄이 들어 있는 하와이안 피자?

피자는 빵 위에 여러 가지 재료가 올라가. 어떤 재료가 올라가는지에 따라 다양한 피자가 뚝딱!

식도 피자와 같아. 빵 위에 여러 가지 재료가 올라가는 것처럼 숫자에 여러 가지 기호가 추가돼서 다양한 식이 만들어져.

식은 덧셈식(2+3=5), 뺄셈식(6-2=4), 곱셈식(7×3=21), 나눗셈식(16÷4=4)과 같은 **등식**, 크고 작음을 나타내는 **부등식**(13 > 5), 문자를 사용하는 **방정식**(x+3=8) 등이 있어.

17. 덧셈, 뺄셈, 곱셈, 나눗셈! 우리는 수학의 히어로라고~ "사칙연산"

내뺄 셈이야?

'내빼다'는 피하여 달아난다는 뜻이야. 몽구가 숨겨놨던 과자를 다 먹고서 쌩~ 하고 내빼버렸어!

덧셈, 뺄셈, 곱셈, 나눗셈을 **사칙연산**이라고 불러. 이 중에서 곱셈을 배울 때는 정말 힘들었어. 구구단을 외워야 했었으니까.

23×14는 얼마일까? 열심히 외운 구구단을 이용하면 문제를 풀 수 있을 거야. 하지만! 구구단을 외우지 않아도 답을 구할 수 있다는 사실! 알고 있었어?

구구단이 필요 없는 선긋기 곱셈법

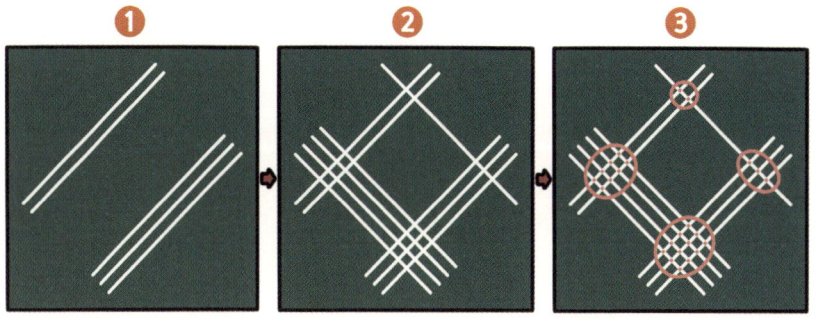

❶ 먼저 23에 대한 선을 그어보자. 십의 자리가 2니까 선 2개를 나란히 그리면 돼. 그리고 조금 떨어트려서 일의 자리가 3이니까 선 3개를 그어.

❷ 이번에는 14에 대한 선을 그어줄 거야. 마찬가지로 선 1개와 조금 떨어트려서 선 4개를 그리면 돼. 이때 그림처럼 먼저 그어준 23과 겹쳐져야 해.

❸ 동그라미 친 부분에 겹쳐진 점이 몇 개 있는지를 세면 곱셈 끝!
백의 자리에 2개,
십의 자리에 11개
(왼쪽 8개+오른쪽 3개),
일의 자리에 12개니까
$100 × 2 + 10 × 11 + 1 × 12$
$= 322$ 야!

18 왼쪽과 오른쪽은 같은 수! "등호"

맞거등호?

수학은 정말 재미있지?
아니 표정이 왜 그래.
수학 재미있는 거 맞거든요?

등호(=)는 3-2=1처럼 양쪽의 식이나 수가 같다는 뜻이야. 그럼 누가 '='를 만들었을까?

바로 영국의 수학자 레코드야.

처음에 레코드가 만든 등호는 지금보다 훨씬 길었어. 지금 보면 '응? 이게 등호야?!'라고 할걸? 이 긴 등호는 『지혜의 숫돌』이라는 책에서 처음 사용되었어.

=는 평행한 두 선을 기호로 만든 거야. 잠깐, 평행이 뭐냐고? 평행 이야기는 뒤에서 자세하게 해줄게. 그러니까 궁금해도 조금만 참아줘~.

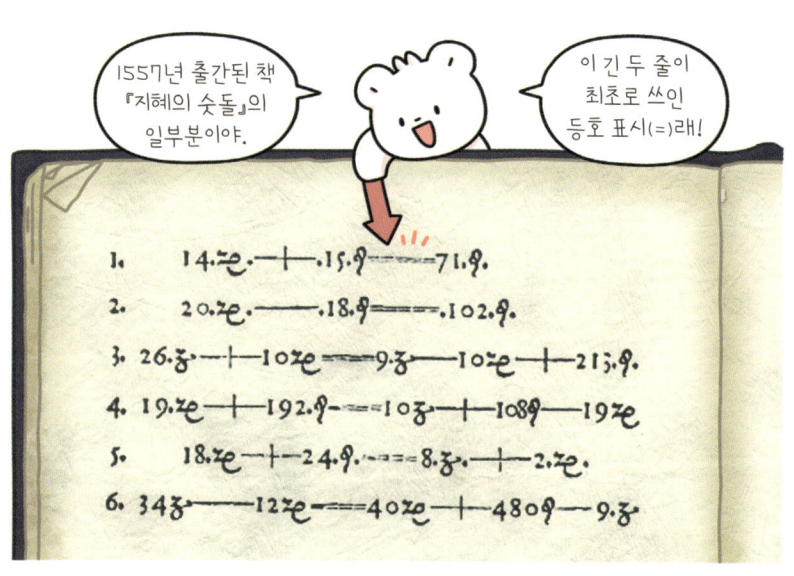

19 먹이는 많이 먹을수록 좋지~ "부등호"

부등부등부등호

집에 왔는데, 동생이 집을 어질러 놓고는 하나도 안 치웠지 뭐야. 부들부들 정말 화나!

543과 581 중에 어떤 수가 더 클까? 맞아. 581이 더 커. 그럼 543보다 581이 더 크다는 걸 어떻게 표현할까?

부등호를 쓰면 돼. **물고기의 입처럼 생긴 부등호는 어떤 수가 더 큰지를 표시하는 기호야. 물고기는 더 많은 먹이가 있는 쪽으로 입을 벌리겠지?** 그래서 부등호도 숫자가 더 큰 쪽으로 입을 벌려. 543 〈 581처럼!

부등호에는 ≤, ≥도 있어. 이 기호들은 '작거나 같다', '크거나 같다'라는 의미야. 이런 부등호는 언제 쓰냐고? 용돈을 천 원만 받아도 좋지만, 더 받으면 더 좋지~! 그러니까 '받고 싶은 용돈 ≥ 천 원'이야.

20 몇 번을 곱했을까? "지수"

곱씹어 보는 중

'곱씹어 보다'는 말이나 생각을 곰곰이 되풀이한다는 뜻이야. 어제 "신기하게 생겼다~!"라는 말을 들었는데, 계속 곱씹게 되네. 무슨 뜻으로 한 말이었을까?

3×5는 무슨 뜻일까? 바로 3이 다섯 번 더해졌다는 뜻이야.
3+3+3+3+3이라고 쓰기에는 번거로우니까 3×5로 간단하게
쓸 수 있어.

그럼 3×3×3×3×3도 간단하게 쓸 수 있을까? 맞아.
3^5과 같이 3의 오른쪽 위에 작게 몇 번 곱했는지 쓰면 돼.
이 작은 수를 지수라고 부르고,
3^5**은 삼의 다섯 제곱이라고 불러.**

그럼 3^2은 삼의 둘 제곱이라고 부를까? 아니야. 지수가 2일
때는 그냥 제곱이라고 불러. 그래서 3^2은 삼의 제곱이야.
3^1은 어떻게 읽냐고? 3이 하나 있는 거니까 그냥 3이지 뭐~.

21 화내는 거 아니에요~ 놀란 것도 아니에요~ "팩토리얼"

팩토리얼 반박불가

이과티콘이 제일 귀엽고
재미있는 이모티콘이라는 건,
리얼 팩트 반박불가라고!

우리는 글을 쓸 때 문장부호를 붙여. 문장부호에는 글이 끝남을 알려주는 마침표(.), 궁금할 때 쓰는 물음표(?), 말을 길게 늘일 때 쓰는 물결표(~) 등이 있어.

응? 그런데 웬 뜬금없이 문장부호 이야기냐고? 바로 문장부호 중 느낌표(!)는 수학에서도 쓰기 때문이야.

3!은 3이 화를 내거나 놀란 게 아니야. 수학에서의 느낌표는 우리가 알고 있는 것과 달라. **수학에서의 느낌표는 팩토리얼** 또는 **계승**이라고 불러. 팩토리얼은 1부터 그 수까지 차례로 곱한 거야. 그러니까 3!은 1×2×3이라고~.

22 공통점이 있으면 여기여기 모여라~ "집합"

 이과티콘이 좋은 친구들 모두 집합! 거기 너! 왜 가만히 있는 거야~?

선생님께서 "모두 모이세요~"
라고 말씀하시면 모든 친구가
선생님 앞으로 모일 거야.
하지만 만약에 "파란 옷을
입은 사람 모이세요~"라고
말씀하셨다면 파란색 옷을 입은
친구들만 모이겠지?

**이렇게 어떤 특성을 가진
모임을 집합이라고 불러.
우리가 만들 수 있는 집합은
매우 많아.** '피아노 학원에
다니는 사람'이라는 집합도
있고, '버스를 타고 등교하는
사람'이라는 집합도 있어.
그리고 무엇보다 지금 이 책을
보는 우리는 『이과티콘 수학』을
읽은 사람'이라는 집합에 속해
있다고~ 야호!

23 리모컨, 자판기, 전화번호의 공통점은? "함수"

텔레비전을 보는데 갑자기 리모컨이 안 돼! 할 수 없지. 텔레비전에 있는 버튼으로 직접 조종하는 수밖에.

텔레비전을 켰는데, 재미없는 방송이 나오더라고. 그래서 리모컨의 채널 변경 버튼을 눌렀어. 하지만 아무리 채널을 돌려도 볼 게 없는 거 있지? 그래서 그냥 리모컨의 전원 버튼을 눌러서 텔레비전을 껐어.

이 이야기에서 수학의 원리를 찾을 수 있어! 바로 리모컨이 함수라는 거야!! **함수**는 어떤 값을 입력하면 그에 맞는 출력값이 나와. 전원 버튼을 누르면 전원이 꺼지고, 채널 변경 버튼을 누르면 채널이 바뀌는 것처럼.

리모컨 말고도 음료수가 나오는 자판기, 번호에 따라 다른 사람이 연결되는 전화는 모두 함수야. 함수, 생각보다 어렵지 않은걸?

24 나는 네가 궁금해 "미지수, 근"

재미있는 책을 보면 마음이 두근두근~! 친구들도 『이과티콘 수학』을 보고 두근두근 했어?

뉴스나 신문을 보면 미지수라는 말이 종종 나오지? 미지수는 앞일을 예측할 수 없다는 뜻이야. 그런데 이 미지수라는 말은 수학에서도 쓰여!

수학에서 미지수는 구하고자 하는 수야. 그리고 이 미지수가 참인 값을 근이라고 해.

'어떤 수에 4를 더해야 7이 나올까?'가 궁금하다면 □+4=7로 나타낼 수 있지. 이 □가 바로 미지수야. □에 3이 들어가면 식이 참이 되겠지? 그래서 이 식의 근은 3이야.

미지수는 □와 같은 도형 말고도 x와 같이 알파벳을 써도 돼. 초등학교에서는 주로 □를 쓰고, 중학교부터는 x와 같은 문자를 써. 하지만 □+4=7이나 x+4=7이나 결국엔 같은 뜻이니까 쓰고 싶은 걸 쓰면 돼!

25 위치를 알려줘요 "점"

점점 좋아~

처음에는 별로였다가 점점 좋아지는 경우가 있어. 한마디로 볼매~!(볼수록 매력 있다!)

친구와 함께 박물관에 가기로 했어. 그런데…….
박물관이 어디더라? 박물관 가는 길을 잊어버린 거 있지?
그래서 스마트폰 지도 앱을 켰어. 지도 앱에 박물관 이름을
검색하면, 짠! 내 위치랑 박물관 위치가 점으로 표시되니까
이제 박물관에 갈 수 있어!

점은 위치를 나타내는 도형이야. 주로 지도 앱과 같이
위치를 표시할 때 점을 이용해. 하지만 주의할 점이
있어. 바로 점은 위치만 있고, 크기는 없다는 거야.
조금 어렵지? 아래의 그림을 보면 그 이유를 알 수 있을 거야~.

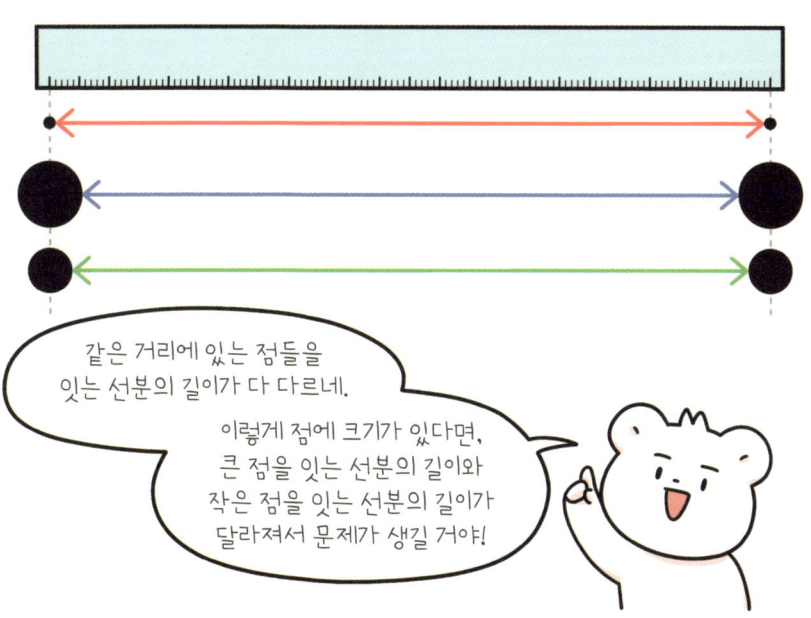

같은 거리에 있는 점들을
잇는 선분의 길이가 다 다르네.

이렇게 점에 크기가 있다면,
큰 점을 잇는 선분의 길이와
작은 점을 잇는 선분의 길이가
달라져서 문제가 생길 거야!

26 점이 모이면 "선" 내가 된다고!

선 넘지 마

장난치는 건 정말 재미있어. 특히 몰래 간지럽히고 도망가는 건 언제 해도 재미있다니까~. 하지만 너무 심한 장난은 안 돼. 가벼운 장난은 괜찮지만, 선은 넘지 마!

종이에 점을 하나 찍어 볼까? 찍은 점 옆에 점을 하나 더 찍어 봐. 그리고 그 옆에도, 그 옆에도, 그 옆에도……. 이렇게 점을 찍어나가다 보면 **선**이 돼.

선은 종류가 많아. 자를 대고 그은 것처럼 곧은 **직선**, 둥글둥글~ 굴곡이 있는 **곡선**, 악어의 이빨처럼 뾰족한 **꺾은선**!

주변을 둘러보면 다양한 선을 찾을 수 있어. 아래 그림에는 어떤 선이 있을까?

27 점이 모이면 선, 선이 모이면? "면"

면목없습니다

부끄러워서 볼 낯이 없을 때 '면목없다'라고 해. 수업 시간에 졸다가 코를 골아버렸어. 아이고~ 정말 면목없습니다~!

크레파스 하나를 꺼내 볼까? 그리고 아래 그림처럼 잡아봐.
그런 다음 콕! 종이에 찍으면 하나의 선이 생길 거야.

이번에는 크레파스를 떼지 말고 아래로 쭉 내려보자.
어때? 면이 만들어지지? 이렇게 선이 연속해서 움직이면
면이 생겨.

책의 겉 부분처럼 평평한 면을 **평면**이라고 부르고,
공의 겉 부분처럼 휘어진 면을 **곡면**이라고 불러.
잠깐? 책을 휘면 어떻게 되는 거지? 그럼 평면이 곡면이 되는
거지 뭐~.

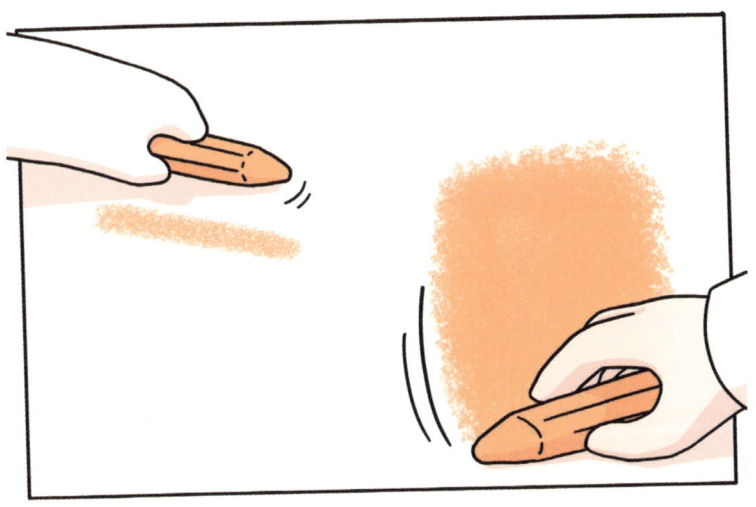

28 직선끼리 만나면 "각" 내가 생겨~

고마워를 일본어로 "아리가또~" 라고 해. 기억해뒀다가 일본인 친구에게 말해줘야지~!

△, ☐ 이 도형들의 이름은 무엇일까?

맞아. 삼각형, 사각형이야. 하하~ 질문이 너무 쉽다고?

그럼 이 도형들을 왜 삼각형, 사각형이라고 부를까?

음, 글쎄…….

아래 그림처럼 두 직선이 만나면, 각이라는 도형이 생겨(이때 각을 만드는 직선을 변이라고 불러~).

그럼 △은 각이 몇 개일까? 맞아! 변이 3곳에서 만나니까 각은 3개야. 그래서 삼(3)각형이라고 부르는 거야~.

☐은 변이 만나는 점이 4개니까 각은 4개.

그래서 사(4)각형이라고!

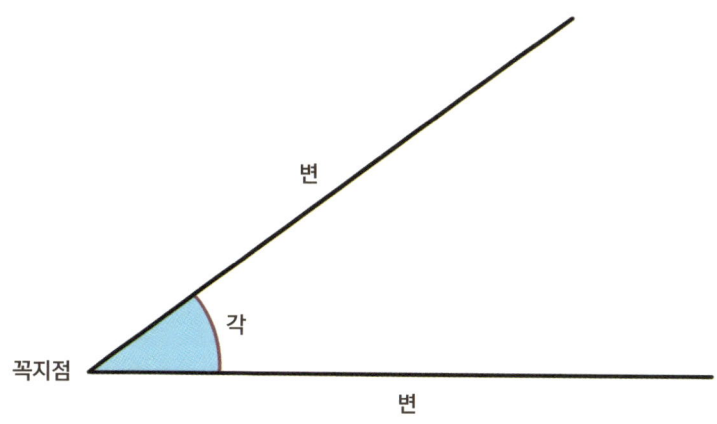

29 각이 몇 개게~? "다각형"

어쩌다각?!

오늘 학습지 숙제가 30장이나 있어! 허걱~ 어쩌다가 30장이나? 사실 하루에 5장이었는데 계속 미루다 보니까 30장이 됐어~.

삼각형은 각이 3개고, 사각형은 각이 4개라고 했지? 마찬가지로 오각형은 각이 5개, 육각형은 각이 6개, 그리고 칠각형은 각이 7개야!

3개 이상의 선분이 만나서 만드는 도형을 다각형이라고 불러. 보통 각의 개수에 따라서 '~각형'이라고 해.

다각형 중에서도 특별한 도형이 있어. 바로 정다각형이야. **정다각형**은 모든 변의 길이와 각의 크기가 같아. 정다각형은 우리 주변에서 쉽게 찾아볼 수 있어.

30 얼마나 벌어져 있는지를 나타내 보자 "각도"

내 친구는 정말 고자질쟁이야. 항상 얘가 그랬어요~ 얘가 그랬어요~ 한다니까, 정말 얄미워!

74~75쪽에서 알아본 것처럼 각은 두 직선이 만날 때 생기는 도형이야. **이때 두 직선이 얼마나 벌어져 있는지를 각도라고 불러.** 각도는 °(도)라는 단위를 사용해.

각도가 90°일 때를 **직각**이라고 불러. 혹시 '90° 인사'라는 말 들어본 적 있어? 말 그대로 인사할 때 허리를 90° 꺾었다는 뜻이야. 그만큼 예의 바르게 인사한 거지~.

90°보다 작은 각을 **예각**, 90°보다 큰 각을 **둔각**이라고 불러. 각의 크기가 궁금하면 각도기를 이용하면 돼!

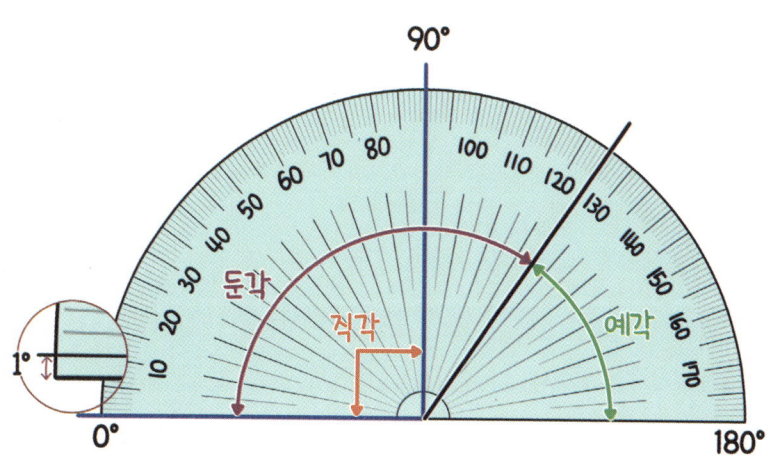

31 이 산은 얼마나 가파를까? "경사"

 반 친구들은 한 달 동안 체육 대회를 열심히 준비했어. 그 결과 우리 반이 우승했어! 경사났네~ 경사났어~!

혹시 스키 타본 적 있어? 스키장에는 초급 코스, 중급 코스, 상급 코스가 있어. 스키를 처음 탄다면 초급 코스에서 타면 돼~.

이렇게 코스를 나누는 기준은 뭘까? 바로 경사야. **경사는 평평한 면을 기준으로 얼마나 기울어졌는지를 뜻해.**

스키 코스는 경사가 낮은 초급, 중간 정도인 중급, 가파른 상급으로 나누어져. 경사가 급할수록, 그러니까 기울어진 각도가 클수록 스키 속도도 빨라. 스키를 탈 때는 무엇보다도 안전이 중요하니까 자신의 실력에 맞는 코스에서만 타야 해!

32 설마 나를 모르는 친구는 없겠지? "원"

 오늘 지하철을 타는데, 비둘기가 걸어서 열차 안으로 들어가는 거 있지? 나 원 참~ 별일이 다 있네~!

삼각형과 사각형만큼 유명한 도형이 있어. 바로 원이야. 그런데 왜 원은 삼각형이나 사각형처럼 '~각형'이라고 부르지 않을까?

앞에서 배운 것처럼 각은 직선끼리 만날 때 만들어지는 도형이야. 그런데 원은 곡선뿐이라 각을 만들 수 없어.

아래의 그림처럼 원 말고도 직선과 직선이 만나지 않거나, 직선과 곡선이 만나거나, 곡선과 곡선이 만나도 각을 만들 수 없어.

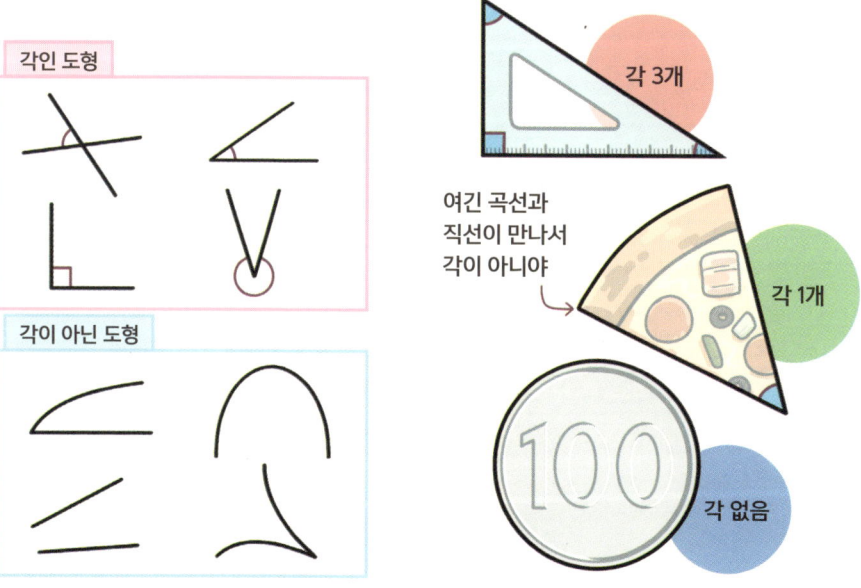

사각형, 삼각형은 그리기 쉬운데, 원은 너무 어려워. 조금만 잘못해도 울퉁불퉁해지니까. 그래서 원을 쉽게 그리도록 도와주는 도구가 있어. 바로 컴퍼스야.

컴퍼스의 바늘을 한 점에 고정하고, 한 바퀴를 빙~ 돌리면 원이 그려져.

여기서 컴퍼스의 바늘이 있던 점을 원의 중심이라고 불러. 그리고 그려진 원 위의 한 점에서 원의 중심까지의 최단 거리를 반지름이라고 불러.

원 위의 어떤 점을 고르더라도 반지름의 길이는 항상 같아!

몽구와 메밀이가 고민하는 도형들은 원일까 원이 아닐까? 곡선으로 이루어져 있으니까 원 같기도 하고, 아닌 것 같기도 하고…….

원 위의 어떤 점을 고르더라도 반지름은 항상 같다고 한 거 기억나? 하지만 위의 도형들은 어때? 고르는 점에 따라서 반지름이 달라지지? 그래서 이 두 도형은 원이 아니야.

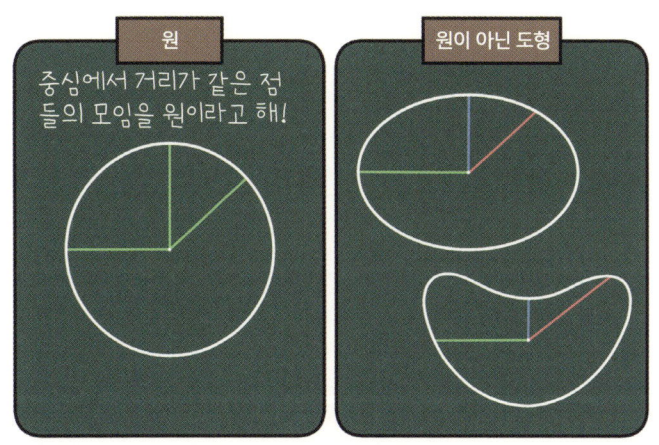

33 "작도"
자와 컴퍼스만 있다면
도형을 그릴 수 있어

잠은 정말 중요해. 늦은 시간에 잠을 자면 키도 안 크고, 비만이 될 수도 있대. 이제부터 일찍 자야겠어!

기원전 500년 전, 피타고라스를 따르는 사람들인 피타고라스 학파에서 세계 최초로 정오각형을 그리는 법을 알아냈어. 오직 컴퍼스와 자만을 가지고서 말이야!

이렇게 컴퍼스와 자만 사용해서 도형을 그리는 것을 작도라고 불러.

당시에 정오각형을 그리는 방법을 알아낸 것은 너무나 대단한 일이라서 피타고라스 학파는 모임의 상징으로 정오각형을 사용했대. 그렇다면 피타고라스 학파는 어떻게 정오각형을 작도했을까?

정오각형 작도 방법

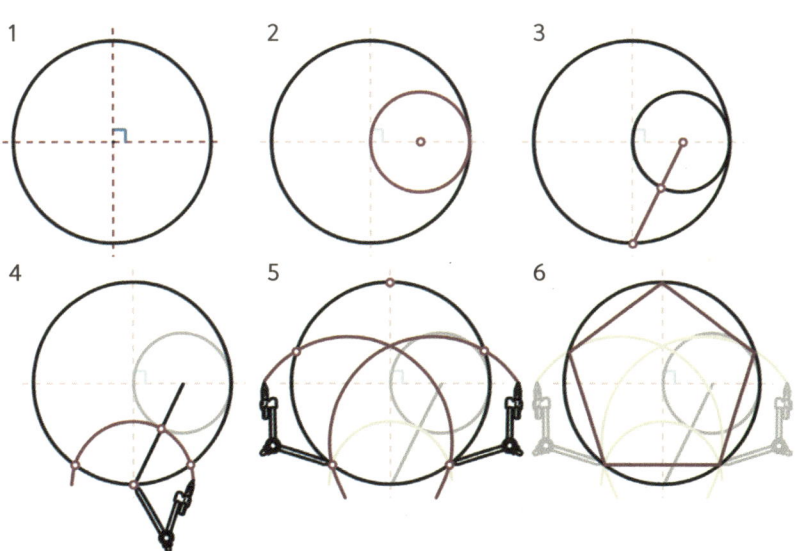

피타고라스 학파

지금으로부터 약 2,500년 전 인물인 피타고라스는 제자들에게 수학을 가르치면서, 동시에 독특한 규율을 지키며 생활하도록 가르쳤대.

사람이 많이 다니는 길로 다니지 마라.

바닥에 떨어진 음식은 줍지 않는다.

불 옆에서 거울을 보지 마라.

빵을 조각으로 자르지 마라.

재미있다! 지금 보기엔 뭔가 이상한 규율이 많네.

피타고라스 학파는 수학을 연구하는 모임이면서 환생 등을 믿는 종교 단체이기도 했다고 해.

잠두콩을 먹지 마라.

길에 누운 당나귀를 넘어가면 안 된다.

신발은 오른쪽부터 신는다.

흰 수탉을 먹지 않는다.

34 내 안에 너 있다 "내심/외심"

내심 기대~

할머니 댁에 갔다가 쿠키 통을 발견했어. '나를 위해 준비하셨나?' 하고 내심 기대하며 열어봤는데……. 실과 단추만 잔뜩 들어 있었어. 이런! 속았다!

원과 삼각형은 소문난 닭살 커플이야~! 서로 안아주는 걸 참 좋아하거든.

원이 삼각형에게 안길 때를 내접이라고 부르고, 원이 삼각형을 안아줄 때를 외접이라고 불러.
헷갈린다면 원이 안에 있는지 밖에 있는지를 보면 돼.

내접했을 때의 원의 중심을 내심이라고 부르고, 외접했을 때의 원의 중심을 외심이라고 불러.
서로 안아주는 것을 얼마나 좋아했으면 이런 말까지 생겼을까?

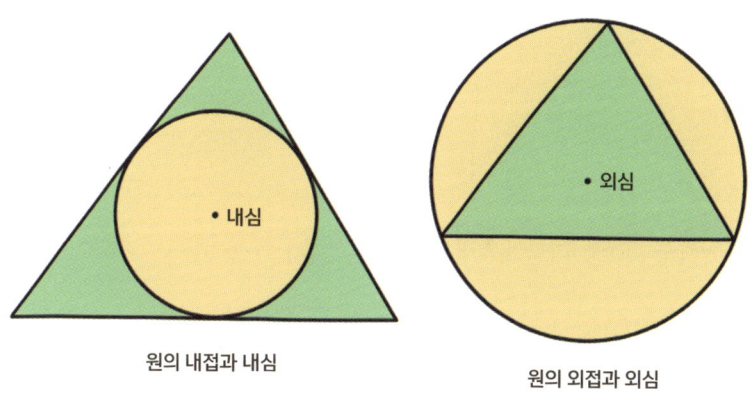

원의 내접과 내심   원의 외접과 외심

35 한 바퀴 휘리릭~ 짠! 완성!! "회전체"

오늘은 놀이공원에 가는 날! 회전목마를 빨리 타고 싶어서 바로 달려갔지만……, 글쎄 수리 중인 거 있지? 으윽, 원통하다! 다음에 오면 열 번 탈 거야!

혹시 회전목마 좋아해? 말과 마차가 빙글빙글 돌아가는 회전목마는 정말 재미있지! 아래 그림은 회전목마처럼 빙글빙글 회전해서 만들어진 도형들이야.

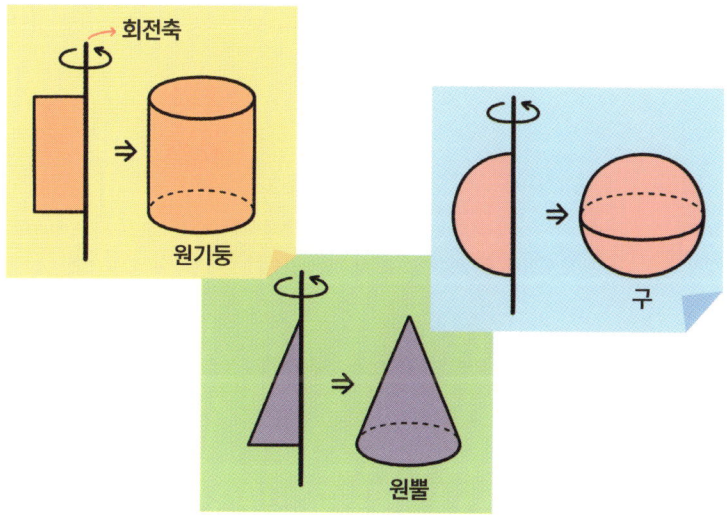

위의 도형들처럼 회전축을 기준으로 한 바퀴 돌려서 만들어진 도형을 **회전체**라고 불러. 사각형을 한 바퀴 돌린 **원기둥**, 삼각형을 한 바퀴 돌린 **원뿔**, 반원을 한 바퀴 돌린 **구**는 대표적인 회전체야.

폭신폭신한 빵은 정말 맛있어~! 식빵, 초코빵, 바게트 등등 종류도 많아서 좋아~! 갑자기 웬 빵 이야기냐고?
빵 중에서도 회전체가 있기 때문이야. 어떤 빵일까?

정답은 도넛! 응? 도넛은 가운데가 비어 있는데, 어떻게 회전체냐고?

궁금하다면 아래의 그림을 따라 그려봐! **회전축과 떨어져 있는 원을 한 바퀴 돌리면 짠! 도넛 완성!**

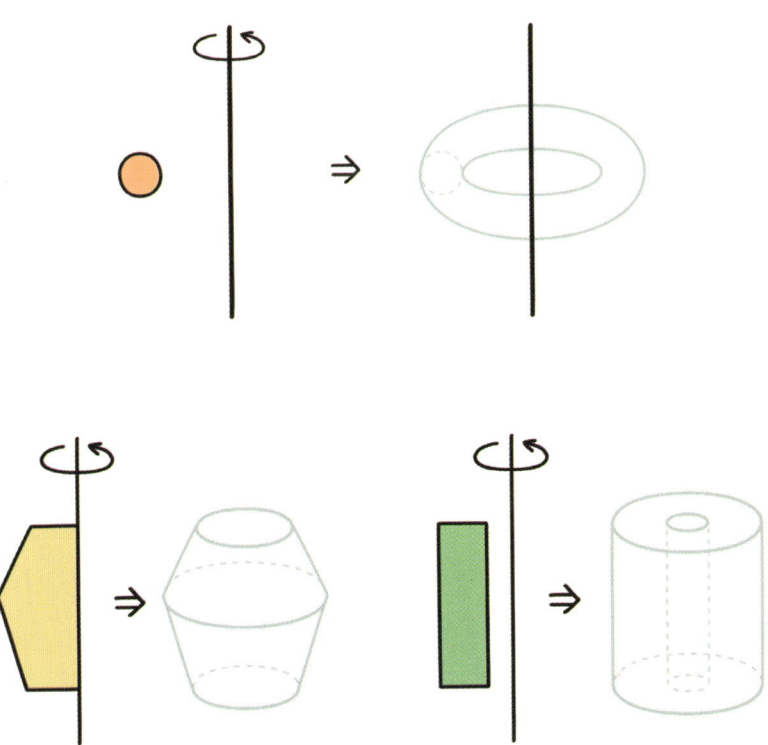

우리가 사는 지구도 회전체라는 사실 알고 있어? 그럼 지구는 어떤 회전체일까? 맞아. 바로 **구**야!

지구는 한자로 地(땅 지) 球(공 구)라고 써. 이름부터 구 모양의 땅이라는 뜻이지~.

지구는 자전축이라는 회전축을 중심으로 빙글빙글 돌고 있어. 지구는 정말 바쁘다 바빠~!

36 주사위 종류가 이렇게 많았어? "다면체"

범인을 잡는 추리게임을 할 때면
멋있는 탐정이 된 것 같아.
"그렇다면…… 범인은 누구?!"

보드게임 좋아해? 다양한 보드게임이 있지만, 역시 주사위로 하는 게임이 최고야!

아래 그림에는 여러 모양의 주사위가 있어. 정육면체 주사위는 익숙하지?

왼쪽의 주사위들은 각각의 면이 똑같이 생겼어. **이렇게 정다각형으로 이루어진 도형을 정다면체라고 해.**

오른쪽에는 한자가 쓰여진 주사위가 있어. 바로 신라 시대에 만들어진 목제주령구라는 주사위야. 주사위를 자세히 보면 사각형인 면도 있고 육각형인 면도 있지?
그래서 목제주령구는 정다면체가 되지 못해.
정다면체가 아니라 그냥 다면체야.

37 한쪽 끝에서 다른 끝까지! "길이"

나 못 미터?

모둠 대표로 가위 바위 보를 하게 되었는데, 친구들 표정이 이상하더라고. "왜 그런 표정을 지어, 나 못 믿어?" "응, 지난 열 번 동안 다 졌잖아." 쳇! 이번에는 이길 거라고!

신체검사를 할 때면 키를 재는 순간이 가장 기대돼.
한 번은 크게 나오려고 까치발을 들었다가 혼났지 뭐야.
사실 키가 크다고 해서 좋을 건 없는데 말이야.

키는 머리끝부터 발끝까지의 거리야. 이처럼 한쪽
끝에서부터 다른 끝까지의 거리를 **길이**라고 불러.

길이는 **자**를 이용해서 잴 수 있어. 자는 종류가 정말 다양해서
상황에 따라 원하는 자를 고를 수 있어.

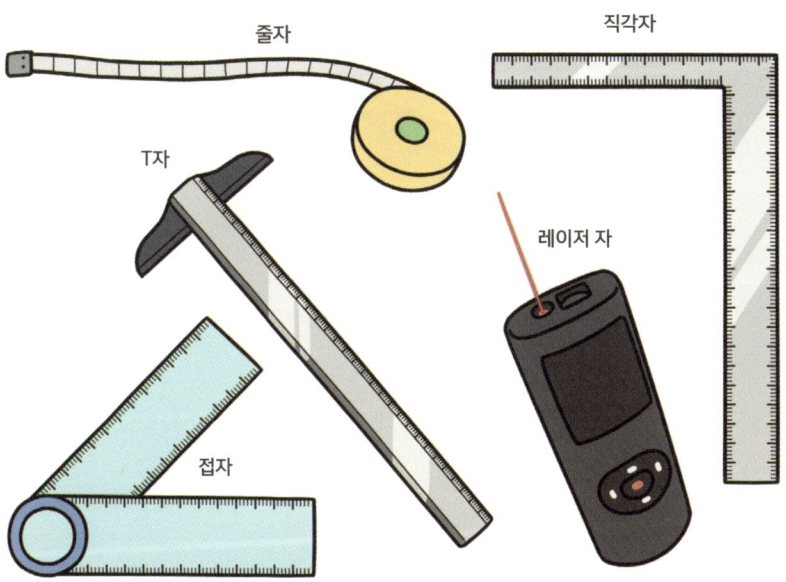

38 줄자로 한 바퀴 빙~ "둘레"

나 좀 놔둘래?

여름의 불청객은 바로 모기! 잠이 들려고 하면 귓가를 윙~ 윙~ 맴돌아. 모기야, 나 좀 놔둘래?

청바지 안쪽을 보면 기다란 천이 붙어 있어. 천을 자세히 보면 허리 둘레, 엉덩이 둘레가 적혀 있을 거야.
그런데 잠깐! 둘레가 무슨 뜻일까?

둘레는 어떤 물체의 가장자리를 한 바퀴 돈 길이야.
둘레를 재기 위해는 쉽게 구부러지는 자가 필요해.
이럴 때 줄자를 사용하면 안성맞춤이지!

허리 둘레는 줄자로 허리를 한 바퀴 빙 돌리면 알 수 있어.
팔목 둘레는 팔목을 한 바퀴 빙~ 책의 둘레는 책을 한 바퀴 빙~ 돌리면 돼. 참 쉽죠?

39 이 땅은 얼마나 넓을까? "넙이"

넙이아니

너비아니는 쇠고기를 얇게 베어낸 뒤, 양념을 입혀서 구운 음식이야. 생각만 해도 침이 고이네~!

옛날에 부동산 앞을 지나갈 때면 24평, 30평과 같은 말이 쓰여 있었어. 그런데 요즘에는 평 대신에 m²(제곱미터)가 쓰여 있더라고! 왜 바뀐 걸까?

평과 m²는 모두 땅이 넓은 정도인 **넓이**를 표시하는 단위야. 옛날에는 평을 주로 썼는데, 이제는 m²를 써야 해!

평을 m²로 바꾸게 된 이유가 있어. 바로 평은 일제강점기 때, 일본사람들이 우리나라 땅 면적을 조사하기 위해 들여온 단위이기 때문이야.

혹시나 아직도 평을 쓰는 사람이 있으면 m²를 써야 한다고 알려주자~!

40 물체가 차지하는 크기 "부피"

밀리미리 하자

오늘은 방학 마지막 날! 그동안 놀기만 했더니, 해야 할 숙제가 너무 많아. 흑흑! 미리미리 할 걸 그랬어.

부피는 물체가 공간에서 차지하는 크기야.
음료수에 쓰여 있는 1L(리터), 500ml(밀리리터)는 음료수의 부피를 뜻해.

위의 그림에는 모양이 다른 세 개의 병이 있어. 이 병들에는 같은 부피의 음료수가 들어 있대. 하지만 눈으로만 봐서는 모르겠는걸? 어떻게 확인할 수 있을까?

방법은 쉬워. 음료수를 똑같은 곳에 따라보면 돼.
담기는 병이 달라진다고 해도 음료수의 부피는 변하지 않거든. 음~ 그럼 모두 내 배 속에 넣어보면 되겠네!

아르키메데스, 유레카!

주문하신 순금으로 만든 금관입니다.

무게는 주문한 것과 같긴 한데, 진짜 순금이 맞을까? 은을 섞어 만들었을지도 몰라.

아르키메데스여, 이 왕관이 진짜 순금인지 가짜인지 알아내거라.

단, 왕관은 절대 망가뜨리면 안 된다!

알지?

넵...

재료마다 밀도가 달라서 부피만 알 수 있으면 구분하긴 쉽다.

같은 무게여도 부피가 다르기 때문!

하지만 이 왕관을 녹이지도 않고 부피를 어떻게 안단 말인가!!

아이고 머리야~!

108

41 체스에 쓰여 있는 숫자와 알파벳은 무엇일까? "좌표"

좌표 좀요

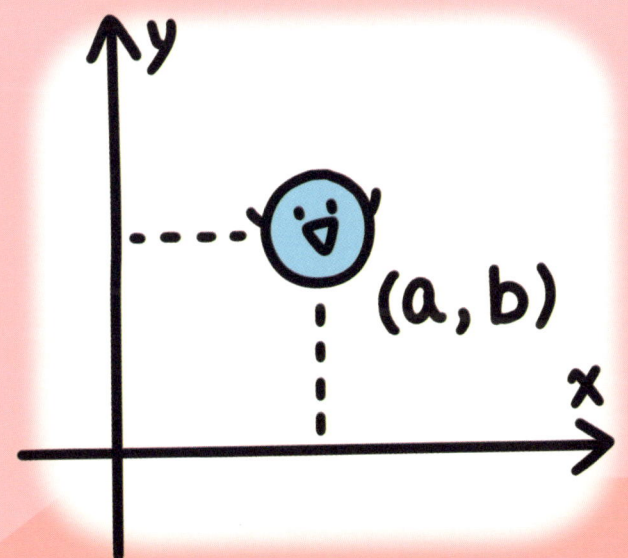

인터넷 지도에 들어가면 내가 있는 위치의 좌표를 볼 수 있어. 그래서 찾아봤는데, 복잡한 숫자로 되어 있더라고! 이 숫자로 어떻게 위치를 아는 거지?

혹시 체스 해본 적 있어? **체스는 6세기에 인도에서 만들어진 보드게임이야. 세상에서 가장 오래된 보드게임이래!**

체스판의 가장자리에는 글자가 있어. A부터 H까지의 알파벳이 가로로, 1부터 8까지의 숫자가 세로로 적혀 있어.

이 문자들을 이용하면 위치를 쉽게 설명할 수 있어. 그림의 빨간 점을 예로 들어보자.

빨간 점은 A와 3이 겹치는 곳에 있어. 그래서 빨간 점의 위치는 A3야. **이렇게 위치를 수나 문자로 나타낸 것을 좌표라고 불러.** 그렇다면 노란 점과 파란 점의 위치는 어떻게 나타낼 수 있을까?

노란 점과 파란 점의 위치는 각각 어떻게 표현하면 될까?

어디 보자, 이 체스판에서 노란 점의 좌표는 D6이고, 파란 점의 좌표는……

정답 : G4

42 자료를 한눈에 파악할 수 있네~ "그래프"

그래 그래프~

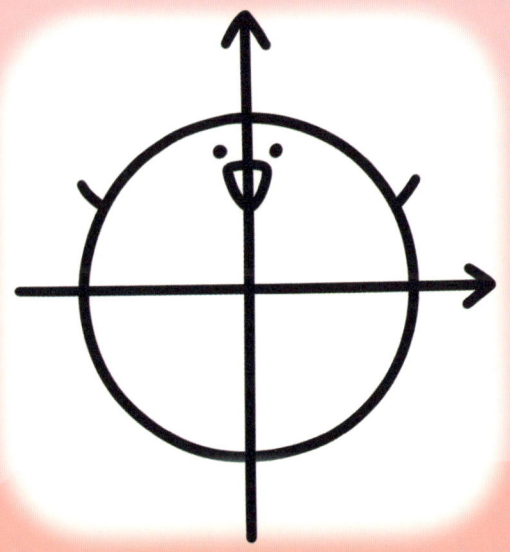

친구가 얘기할 때면 열심히
들으면서 공감해 줘야지~!
그래그래~ 그랬구나~!

반 친구들은 어떤 동물을 제일 좋아할까? 친구들에게 물어봤더니, 강아지가 15명, 고양이가 10명, 토끼가 3명, 레서판다가 1명, 몽구스가 1명이었어.

그 후, 조사한 내용을 막대그래프와 원그래프로 나타내봤어. 막대그래프를 이용하니까 여러 항목을 비교하기가 좋았어. 그리고 원그래프를 이용하니까 비율을 한눈에 볼 수 있더라고~! **그래프**를 이용하면 정보를 효율적으로 정리할 수 있구나!

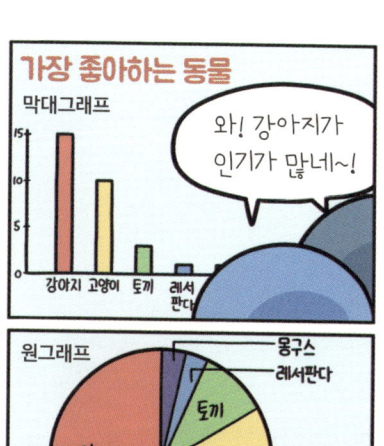

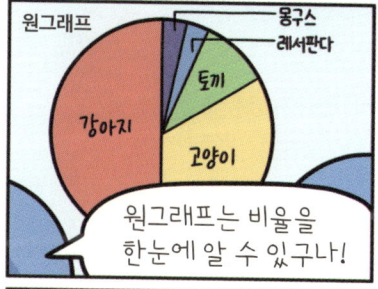

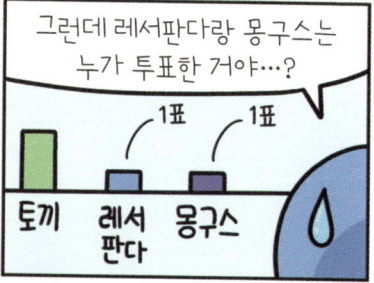

43 우리는 만날 수 없는 운명 "평행"

불평행….

바른 자세로 앉는 건 너무 불편해~!
하지만 잘못된 자세로 앉으면 척추가 휘거나 골반이 틀어질 수 있대. 그러니까 허리를 쫙! 펴고 앉자고~.

마주 보는 두 변이 서로 평행한 사각형을 **평행사변형**이라고 불러. 여기서 평행은 무슨 뜻일까?

혹시 견우와 직녀 이야기 알아? 견우와 직녀는 7월 7일을 빼고는 만날 수 없어. 평행한 두 변은 견우와 직녀처럼 서로 만날 수 없는 운명이야.

평행일 때는 선이나 면을 아무리 늘려도 만나지 않아. 예를 들자면 아래 그림과 같은 평행선은 두 선을 아무리 늘려도 서로 만날 수 없어. 그래도 견우와 직녀는 일 년에 한 번씩은 만나는데 말이야~.

44 90도로 만나요 "수직"

내가 바로 고수직

내가 가장 잘하는 걸 말해볼까?
사소해도 괜찮아. 나는야 책 빨리
넘기기의 고수지!

선이나 면이 만나지 않을 때를 평행이라고 한다면, 만날 때는 뭐라고 할까? '선이 만난다' 아니면 '면이 만난다'라고 해. 하하~ 당연한 거 아니냐고? 하지만 선이나 면이 만날 때를 나타내는 특별한 단어는 없어. 직각으로 만날 때는 제외하고 말이야!

전에 90°를 직각이라고 했지? 으응? 잊어버렸다고? 괜찮아~! 그럼 79쪽을 다시 보고 오면 돼.

아래의 그림처럼 직선이나 평면이 직각을 이루며 만날 때 서로 수직이라고 해. 서로 만날 수 없는 평행은 수직을 부러워할지도?

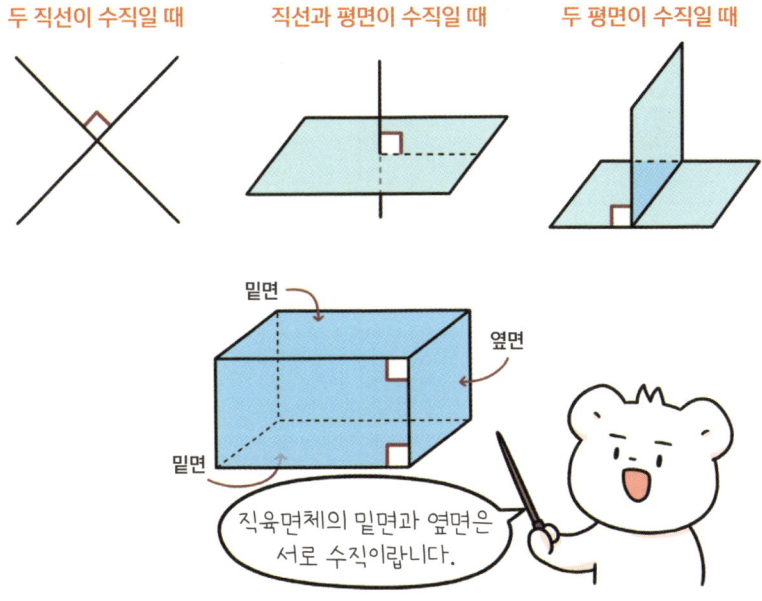

직육면체의 밑면과 옆면은 서로 수직이랍니다.

45 시각? 시간? 뭐가 다르지? "시간"

오늘 늦잠을 자서 허둥지둥 학교에 달려갔는데, 1분 늦었지 뭐야. 분하다 분해. 1분만 빨랐어도 지각이 아니었을 텐데!

오늘 오후 6시에 맛있는 저녁을 먹으러 가기로 했어. 아침부터 시계를 흘깃흘깃 봤는데, 시간이 너무 안 가는 거 있지?

조금 뒤에 창밖을 봤는데, 해가 지고 있었어. 그래서 설레는 마음으로 다시 한번 시계를 봤는데……. 시각은 아직도 5시인 거야! 한 시간이나 남았네! 도대체 시간은 왜 이렇게 느리게 가는 거야~!

어? 그러고 보니 시각과 시간은 조금 다른 거 같아.
아~ 시각은 딱 어느 한순간을 나타내는구나. 하지만 시간은 시각과 시각 사이를 말하네~.
수업 시간이나 한 시간처럼!

46 과자에 쓰여 있는 숫자는 무슨 뜻일까? "열량"

귀신이 고칼로리네

냠 냠

아주 신기한 일이 일어날 때면 '귀신이 곡할 노릇'이라고 해. 가끔 귀신이 고칼로리라고 잘못 알고 있는 사람들이 있는데, 고칼로리가 아니라 곡할 노릇이라고!

세상에는 맛있는 게 정말 많아! 감자튀김과 잘 어울리는
햄버거, 바삭한 치킨, 후루룩후루룩 컵라면.
으아~ 생각만 해도 침이 고여.

그런데 이런 음식들은 모두 고열량이야.
열량은 음식에 들어 있는 에너지양이야.
음식의 열량은 kcal(킬로칼로리)라는 단위를 써.

햄버거, 치킨, 컵라면 같은 음식들은 모두 열량이 높아서
많이 먹으면 비만이 될 수 있어. 그러니 고칼로리 음식은 자주
먹으면 안 돼~!

47 달에 가면 무게는 바뀌지만, 질량은 그대로! "질량/무게"

그램 그램!

긍정적으로 생각하면 행복해진대. '싫어!', '안 돼!' 부정적인 말하기보다는 '그래그래~' 긍정적인 말하기를 해보자.

고열량 음식을 너무 많이 먹었더니 살이 쪘지 뭐야.
그런데 어느 날 텔레비전을 봤더니, 달에 가면 무게가 $\frac{1}{6}$로
줄어든다는 거 있지? 그래! 오늘부터 목표는 달에 가는 거야!

하지만 문제가 생겼어. 달에 가면 무게는 바뀌지만,
질량은 변하지 않는대. 무게는 지구가 물체를
잡아당기는 힘이고, 질량은 물체의 고유한 양이야.

결국에는 달에 간다고 해서 살이 빠지지는 않는다는 말!
달에 가는 대신 운동을 열심히 할 수밖에 없다고~.

48 은행에서 주는 보너스~! "이자"

이자를 매우 쳐라!

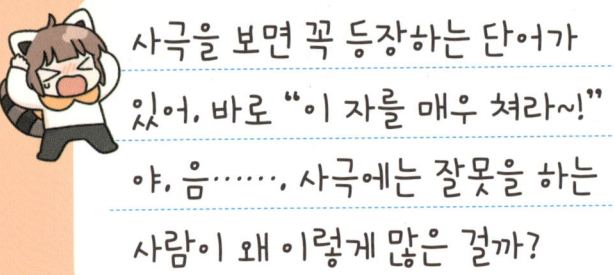

사극을 보면 꼭 등장하는 단어가 있어. 바로 "이 자를 매우 쳐라~!" 야, 음……, 사극에는 잘못을 하는 사람이 왜 이렇게 많은 걸까?

오랜만에 친척분을 뵈었는데, 인사를 잘한다고 용돈을 주셨어. 신난다! 맛있는 떡볶이도 먹고, 새로 나온 장난감도 사야지~. 기쁨도 잠시, 엄마가 저축한다고 가져가 버렸어. 도대체 저축은 왜 하는 걸까?

바로 이자 때문이야. **이자**는 은행에 돈을 맡기면 그 대가로 주는 돈이야. 이자를 얼마나 주는지를 **이율**이라고 해.

이율이 1%라면, 만 원을 저축할 때 백 원을 더 받을 수 있어. 에이~ 겨우 백 원이냐고? 만 원을 저축하면 백 원이지만 십만 원은 천 원, 백만 원은 만 원인걸? 더 많은 돈을 저축할수록 더 많은 이자를 받을 수 있다고~!

49 로또 당첨은 어려울까? "확률"

요즘 장기자랑을 열심히 준비하는 중이야. 내 춤을 보면 모두 내 매력에 확! 빠질걸?

토요일 저녁이 되면 로또 방송을 해. 로또 추첨기 안에 1번부터 45번까지의 공이 들어 있는데, 이 중에서 6개의 숫자를 뽑아. 이때 뽑힌 6개의 번호를 맞추면 큰돈을 받을 수 있어.

그런데 겨우 6개만 맞추면 된다고? 그럼 어렵지 않을 것 같은데…….

보기에는 쉬워 보이지만, 그 확률은 무려 약 815만 분의 1이야. 그러니까 815만 번을 사야 한 번이 당첨될 수 있다는 뜻이라고! 세상에 이걸 어떻게 맞추라는 거야?

50 치타는 한 시간에 얼마나 갈 수 있을까? "속력"

내 속도 모르고!!

급하다~ 급해~! 화장실이 너무 급한데 도로가 꽉 막혔지 뭐야. 정말~ 내 속도 모르고!

세상에서 제일 빠른 사람의 달리기 속력은 35km/h인데, 치타의 달리기 속력은 무려 110km/h래! 음……. 그런데 속력과 km/h는 무슨 뜻이지?

속력은 물체의 빠르기이고, **km/h**는 속력을 나타내는 단위야. 여기서 h는 한 시간을 의미하고, km는 거리를 의미해. 그래서 35km/h는 이 빠르기로 한 시간 동안 달리면 35km를 갈 수 있다는 뜻이지.

그런데 속도라는 단어도 있던데, 속력과 같은 뜻인가? 아니야! **속도**는 빠르기뿐만 아니라 방향도 고려한 값이야. 그래서 같은 속력이라도 어떤 방향으로 가는지에 따라 속도는 달라.

이과티콘 총집합!
이과티콘 수학 편

01 이럴 수가…

02 나로 마라자면

03 아싸라비아 아라비아!

04 영~ 아닌걸?

05 휴 자연수러웠다

06 흥! 나 삐정수!

07 으음…

08 분수를 알라!

09 어쩔 수 없소수

10 무리수 던지기

11 내 실수야….

12 홀짝…홀짝…

13 무한무안;;

14 절대 안 돼!

15 십진 않아….

16 식-식-

17 내뺄 셈이야?

18 맞거등호?

19 부등부등부등호

20 곱씹어 보는 중

21 팩토리얼 반박불가

22 모두 집합!

23 함수 없지….

24 두근 두근

40 밀리미리 하자

41 좌표 좀요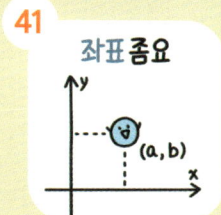

42 그래 그래프~

43 불평행….

44 내가 바로 고수직

45 분해…!

46 귀신이 고칼로리네

47 그램 그램!

48 이자를 매우 쳐라!

49 확!

50 내 속도 모르고!!

책을 마치며

『이과티콘 수학』을 쓰는 동안 '더 쉽고 재미있게 설명할 수는 없을까?'라는 고민은 계속되었습니다. 아무래도 제가 수포자(수학을 포기한 자) 출신이다 보니……. 수학에 대한 인상이 잘못 심어지면 어떻게 되는지를 잘 알고 있기 때문이었죠.

이 책을 읽은 여러분이 수학을 친숙하게 느끼기를 바라요. 함수는 리모컨입니다. 정육면체는 주사위입니다. 음수는 계단을 내려가는 것이고, 양수는 계단을 올라가는 것입니다. 어때요? 생각보다 어렵지 않죠? 수학은 문제를 풀기 위해 존재하는 어렵고 복잡한 것이 아닌, 우리의 생활 속에서 찾을 수 있는 재미있는 학문이랍니다.

앞에서도 말한 것처럼 수학은 우리의 삶을 더 편리하게 만들어줘요. 컴퓨터, 스마트폰, 자동차, 높은 빌딩들은 고도의 계산을 통해 만들어진 기계들이랍니다. 그럼 기계를 만드는 사람이 아니면 수학을 공부하지 않아도 괜찮냐고요? 그렇지 않아요! 수학을 공부하면 사고력을 기를 수 있어요. 훗날 여러분이 맞이하게 되는 여러 문제 상황을 해결할 수 있는 힘이 될 거예요.

초등학교, 중학교, 고등학교에 다니는 동안 수학은 계속 여러분과 함께할 것입니다. 그 시간 동안 수학이 여러분의 기분 좋은 친구가 되었으면 좋겠습니다. 혹시 알아요? 여러분이 미래에 수학자가 될지도 모르죠.

재미와 개념을 한방에!
이과티콘 수학

1판 1쇄 찍은날 2021년 4월 2일
1판 5쇄 펴낸날 2025년 5월 2일

글 | 몽구
그림 | 메밀
펴낸이 | 정종호
펴낸곳 | 청어람미디어

편집 | 박세희
마케팅 | 강유은·박유진
제작·관리 | 정수진
인쇄·제본 | (주)성신미디어
등록 | 1998년 12월 8일 제22-1469호
주소 | 04045 서울특별시 마포구 양화로 56, 1122호
이메일 | chungaram_media@naver.com
전화 | 02-3143-4006~8
팩스 | 02-3143-4003

ISBN 979-11-5871-168-9 73410

잘못된 책은 구입하신 서점에서 바꾸어 드립니다.
값은 뒤표지에 있습니다.

품명: 아동도서 | 사용연령: 8세 이상
제조국명: 대한민국 | 제조년월: 2025년 5월 | 제조자명: 청어람미디어
전화번호: 02-3143-4006 | 주소: 04045 서울특별시 마포구 양화로 56, 1122호
종이에 베이거나 긁히지 않도록 조심하세요.
책 모서리가 날카로우니 던지거나 떨어뜨리지 마세요.
KC마크는 이 제품이 공통안전기준에 적합하였음을 의미합니다.